AF243054

LE BIOGRAPHE UNIVERSEL.

PUBLICATIONS

de la Revue générale Biographique, Politique et Littéraire.

SECTION POLITIQUE.

NOTICE BIOGRAPHIQUE

SUR

M. le Baron TUPINIER,

DÉPUTÉ.

EXTRAIT DE LA REVUE GÉNÉRALE

BIOGRAPHIQUE, POLITIQUE ET LITTÉRAIRE,

Publiée sous la direction

DE M. E. PASCALLET.

(Livraison de Mars 1843).

PARIS.

Bureau Central de la Revue générale Biographique, Politique et Littéraire,

Rue Louis-le-Grand, 9.

1843.

SECTION POLITIQUE.

SOUS PRESSE :

MM. THIERS. — DREUX-BRÉZÉ. — LAS-CASES. — LAFFITTE. — DUC DE CAZES. — SAINT-CRICQ. — PASQUIER. — MONTALIVET. — D'APPONY. — LÉOPOLD (Roi). — ISTU-RITZ. — NICOLAS (Empereur). — MAUGUIN. — ESPAR-TERO. — LE DUC D'ORLÉANS. — DUFAURE. — H. PASSY. — BROGLIE. — DUVERGIER DE HAURANNE. — RÉMUSAT. — DUCHATEL. — FULCHIRON. — CHAPUYS-MONTLA-VILLE. — DE BRIGODE. — SAUZET. — JAUBERT. — VOYER - D'ARGENSON. — PERIER. — GASPARIN. — D'ARGUELLES. — MOUNIER. — TESTE. — MARTIN (du Nord). — GARNIER-PAGÈS. — MAHUL. — CORMENIN. — MONTALEMBERT. — D'AMBRAY. — LORD BROUGHAM. — LORD COWLEY. — ISAMBERT. — QUÉNAULT. — MIRAFLORES. — BARTHE. — HUMANN. — MEILHEU-RAT. — VATOUT. — NOTHOMB. — GANNERON. — CUNIN-GRIDAINE. — PAHLEN. — ROYER-COLLARD. — LEGRAND. — PERSIL. — GALIANO. — DUC DE FRIAS. — DE MÉRODE. — MARIE-LOUISE (ex-Impératrice) — PASTORET. — OLOZAGA. — BERNADOTTE (Roi). — LORD GRANVILLE. — ZÉA-BERMUDEZ. — BERRYER. — LOUIS NAPOLEON (le Prince). — LOUIS-PHILIPPE (le Roi). — VICTORIA (la Reine). — Mme LA DUCHESSE DE BERRY. — LE DUC DE NEMOURS. — LAMARTINE. — LE PRINCE DE LIGNE. — MOUTTINHO (le Commandeur). — Etc.

TUPINIER (LE BARON).

Fgards et justice pour tous.

IMPRIMERIE DE MADAME DE LACOMBF,
rue d'Enghien, 12.

TUPINIER (LE BARON).

Il y a une classe d'hommes que le développement de nos institutions et la marche irrésistible des choses, appelle en France à une prépondérance chaque jour de plus en plus marquée, ce sont les hommes de tribune. Eux seuls ont le beau rôle dans ce perpétuel tournoi qu'on appelle le gouvernement parlementaire. Eux seuls

attirent les regards et obtiennent les applaudis-
semens de la foule. Mais à côté de ces hommes
privilégiés , à qui leurs talens oratoires procu-
rent tant d'influence dans nos assemblées, tant
de célébrité au dehors, il en est d'autres dont le
rôle, pour avoir moins d'éclat , n'en est pas
moins utile, ce sont les *hommes d'affaires*. Nous
voulons parler de ces hommes laborieux et mo-
destes, versés dans les matières d'administration, si peu étudiées, si peu connues, et si importantes cependant. Dans des fonctions spéciales, ces hommes rendent d'immenses services au
pays, dont ils développent la prospérité ou ac-
croissent la puissance. Dans le parlement, c'est
à eux de préférence que leurs collègues confient
l'examen préparatoire des projets de loi qui doivent être soumis ensuite à l'épreuve de la dis-
cussion publique. Habitués assidus des bureaux,
membres laborieux des commissions, ils y font
apprécier les qualités plus solides que brillantes
d'esprits appliqués, ils y portent le fruit d'études
spéciales. Et tout le monde sait que, dans cette
sphère trop obscure, plusieurs ont fait briller
quelquefois des facultés d'esprit extrêmement
remarquables. Tout le monde a pu lire des rap-
ports émanés des commissions des Chambres ,

qui, sans avoir l'éclat d'un discours de tribune, offrent des qualités plus rares et non moins précieuses : la netteté de la pensée, la vigueur du style, l'heureuse sobriété des développemens, la sagesse de la composition.

Ce n'est pas que nous voulions établir ici un parallèle entre les hommes de tribune et ceux que nous appelons les hommes d'affaires. Nous avouons partager l'admiration, et, si l'on veut, l'engouement universel pour les premiers. Le don merveilleux de l'éloquence excitera toujours les sympathies enthousiastes de la foule. Mais à une époque où le talent de la parole semble se séparer de plus en plus chez nous de l'aptitude pratique pour les affaires, à une époque où nous avons tant d'orateurs et si peu d'hommes-d'état, tant de parleurs et si peu d'administrateurs instruits, nous croyons qu'il n'est pas hors de propos de réhabiliter ces derniers. Nous croyons que c'est le moment de réclamer pour eux, non pas l'admiration qui entoure leurs rivaux heureux, mais l'estime réfléchie due au mérite modeste et zélé.

C'est dans la catégorie de ces hommes consciencieux que M. Tupinier doit être rangé. Une

carrière laborieuse et toute remplie d'honorables services, des travaux qui ont désormais attaché son nom aux progrès et aux perfectionne-
mens d'une des branches les plus importantes de
notre puissance extérieure, le matériel naval,
tels sont les titres qui le recommandaient à notre attention.

Le baron TUPINIER (*Jean-Marguerite*), grand-
officier de la Légion-d'Honneur, député de Rochefort, conseiller-d'état en service ordinaire,
membre du conseil d'amirauté, ancien directeur
des ports et arsenaux, ancien ministre de la marine, est né à Cuisery, en Bourgogne, le 18 décembre 1779. Son père était un avocat distingué,
car il fut nommé juge au tribunal de cassation,
par le département de Saône-et-Loire, lors de
la création de ce tribunal, aujourd'hui la cour de
cassation, et fut élu membre des différentes lé-
gislatures qui se succédèrent jusqu'en 1814.
Grâce à ses dispositions précoces, le jeune Mar-
guerite Tupinier fut admis, dès l'âge de quatorze
ans et demi, à l'école récemment créée, par un
décret de la convention, sous le nom d'*Ecole
centrale des travaux publics*, et qui reçut un peu
plus tard le nom d'*Ecole polytechnique*. Il en sor-

tit deux ans après, pour entrer à l'Ecole spéciale des ingénieurs de vaisseau, alors établie à Paris.

Sous-ingénieur de troisième classe en 1799, et de deuxième l'année suivante ; il est désigné en 1801, par le préfet maritime de Brest, pour faire partie d'un institut naval qu'il s'agissait de créer en ce port ; distinction flatteuse que lui mérita son instruction. Bientôt il est promu au grade de sous-ingénieur de première classe, grade qui correspondait à celui de lieutenant de vaisseau ou de capitaine de génie.

Cette même année, 1801, il fut embarqué sur le vaisseau *l'Indivisible*, portant le pavillon de l'amiral Gantheaume. Cet officier-général commandait une escadre en partance pour Saint-Domingue. M. Tupinier fit la campagne de Saint-Domingue, comme ingénieur de l'escadre. En 1802, il était de retour à Brest. Lorsque le premier consul voulant venger la rupture du traité d'Amiens, ordonna la création d'une immense flottille destinée à jeter une armée en Angleterre, M. Tupinier fut nommé membre d'une des commissions d'armement de cette flotille, et spécialement chargé de diriger les constructions dans tout l'arrondissement de Brest, comprenant

plusieurs ports. Il passa ensuite à Boulogne pour
y remplir des fonctions analogues, qui ne cessè-
rent qu'à la fin de l'année 1804.

En 1805, l'Angleterre ayant réussi à détour-
ner le danger en excitant l'Europe contre nous,
l'armée de Boulogne partit pour la campagne
qui se termina par la bataille d'Austerlitz. Pendant ce temps, M. Tupinier était envoyé à Gênes,
où il contribuait à sauver le vaisseau *le Génois*,
fortement endommagé à sa mise à l'eau, et de là
à Venise, où lui fut confiée la direction des constructions navales qui s'y exécutaient pour le
compte de la France. Dans ces fonctions , qu'il
conserva plus de six ans, M. Tupinier, par son
habileté dans l'art des constructions navales, se
plaça au premier rang des ingénieurs de la marine. Le vice-roi d'Italie, Eugène Beauharnais,
qui avait pour lui beaucoup d'estime, le recom-
manda plusieurs fois à l'empereur et au ministre
de la marine Decrès, et lorsqu'en 1813, Napoléon
songea à nommer le prince Eugène roi d'Italie,
ce dernier déclara vouloir s'attacher M. Tupinier comme son ingénieur-général. Mais les évènemens de 1814 renversèrent tous ces projets.

En 1812, le vaisseau *le Rivoli*, de 74 canons,

dont M. Tupinier avait dirigé la construction à Venise, dut partir tout armé pour se rendre à Ancône et à Corfou. Mais ce vaisseau tirait vingt-deux pieds d'eau, et la passe par laquelle il devait sortir n'en avait que quinze de profondeur. La plupart des marins déclarèrent la difficulté insurmontable. M. Tupinier, aidé d'un excellent mémoire de M. Boucher (aujourd'hui directeur des ports), sur les *chameaux* hollandais, machines à l'aide desquelles on diminue en Hollande le tirant d'eau des navires, parvint à réduire celui du *Rivoli* à quatorze pieds, et à lui faire franchir heureusement la passe (1). Cette belle opération fut connue de l'empereur, qui, pour récompenser M. Tupinier, l'éleva au grade d'ingénieur de deuxième classe, assimilé à celui de capitaine de frégate, et lui accorda la décoration de l'ordre de la Réunion. Plus tard, le prince Eugène obtint pour lui celle de la Couronne de fer ; mais le décret, rendu dans les derniers jours de la campagne de 1814, n'est point parvenu à la chancellerie de l'ordre.

Lors de la première restauration, à la demande

______

(1) On voit au Louvre, au musée naval, *le Rivoli* porté sur des chameaux.

de M. Jurien, alors directeur des ports, M. Tupinier fut attaché à cette direction comme chef du bureau des martelages de bois. Mais, à la seconde restauration, M. Dubouchage l'appela à la direction forestière d'Angoulême, avancement qui fut considéré comme une disgrâce infligée à M. Tupinier, parce qu'il avait accepté des fonctions pendant les Cent-jours. Mais en 1817, M. Jurien, dont la santé était chancelante, profita de l'avènement du maréchal Gouvion Saint-Cyr au ministère de la marine, pour s'attacher de nouveau M. Tupinier, et le fit nommer chef de division, avec le dessein d'en faire un jour son successeur.

Bien qu'à dater de cette époque les fonctions de M. Tupinier aient été exclusivement administratives, il ne laissa pas de parcourir tous les grades du génie maritime ; en 1828, il reçut celui d'inspecteur-général honoraire.

En 1822, sous le ministère de M. Clermont-Tonnerre, il rédigea un mémoire sur les dimensions des vaisseaux et frégates, qui produisit une révolution dans notre matériel naval. Les bornes de cette notice ne nous permettent pas d'examiner en détail cet important travail. Bornons-nous à dire que les conclusions de l'auteur servirent de base à la décision royale du 10 mars 1824, qui changea complètement les dimensions et l'armement de nos bâtimens de guerre, décision que l'ordonnance du 1er février 1837, a confirmée, sauf quelques différences de détail.

Ce mémoire, dont les conséquences furent si grandes, fixait la grandeur et la force des bâtimens, le nombre et le calibre de leurs canons. Il indiquait deux nouveaux rangs de vaisseaux, et il détermina la création de ces frégates de 60 si admirées des marins, et aujourd'hui l'une des plus grandes forces de notre flotte. La France possède actuellement vingt de ces frégates, et l'opinion des hommes compétens, fortifiée par les évènemens de la guerre de 1812 entre les Etats-Unis et l'Angleterre, est que, dans le cas d'une guerre maritime, elles pourraient être opposées avec avantage aux vaisseaux de 74.

Si l'on considère que, de l'aveu même de nos voisins, nos vaisseaux sont mieux armés, mieux installés, en un mot, matériellement plus forts que les leurs (1), on comprendra la valeur du

(1) Cet aveu n'est pas le seul, et il existe un témoignage

service que M. Tupinier a rendu à notre pays en provoquant des améliorations qui ont eu un résultat aussi satisfaisant.

En décembre 1823, M. Jurien résigna ses fonctions de directeur des ports, pour ne conserver que celles de conseiller-d'état et de membre de l'amirauté. Sur sa proposition, M. Tupinier lui succéda à la direction des ports. Dès-lors, il ne se prit pas une grande mesure au ministère de la marine, il ne s'y prépara pas une expédition à laquelle ce fonctionnaire ne concourût pour une part considérable. Citons quelques faits dont plusieurs ont une grande importance historique.

C'est à lui d'abord que doit être principalement rapporté l'honneur du transport de l'obélisque de Luxor, de Thèbes à Paris, qui a un si grand intérêt scientifique et historique. M. Tupinier, dont les instructions furent exécutées avec tant d'intelligence par M. Lebas, avait démontré de la manière la plus évidente la possibilité de

encore plus explicite. Tout le monde sait que le commodore Napier a déclaré par deux fois, en plein parlement d'Angleterre, que si, en 1840, la flotte française avait attaqué la flotte anglaise, celle-ci aurait eu *infaillement* le dessous.　　　　　　　　　　　H. D.

charger cette masse pesante sur un navire assez fort pour tenir la mer et assez grêle cependant pour remonter le Nil jusqu'à Thèbes, et passer sous les arches des ponts de la Seine.

M. Tupinier prit en 1830 une part importante aux préparatifs de la mémorable expédition d'Alger. Il avait fait partie de la commission chargée, sous la présidence du général Loverdo, de préparer le plan des opérations. En qualité de directeur des ports et arsenaux, ce fut lui qui fut chargé d'assurer les moyens d'exécution. M. Tupinier se montra à la hauteur de cette grande mission. Il nous suffira de dire que les premiers ordres émanés à ce sujet du ministère de la marine, datent du mois de février 1830, et que, le 1er mai suivant, il y avait en rade de Toulon une flotte de cent bâtimens de guerre, dont onze vaisseaux et vingt-cinq frégates, sans compter trois cent cinquante-huit navires de commerce nolisés pour le transport de notre armée en Afrique. Pour qui connaît les lenteurs nécessaires de tout armement naval, il semblera étonnant qu'une flotte de cette importance ait pu être équipée en trois mois, et l'on ne pourra s'empêcher d'y voir la preuve d'une rare activité de la part de M. Tu-

pinier à qui ce grand résultat fut principalement
'dû.

Immédiatement après la révolution de 1830,
M. Tupinier fut nommé ministre provisoire de
la marine par le duc d'Orléans, proclamé lieu-
tenant-général du royaume.

Bientôt après, remplacé par le général Sébas-
tiani, il est appelé au conseil de l'amirauté et
autorisé à participer aux délibérations du conseil-d'état, dont il faisait partie depuis 1824 (1).

En 1833, l'arrondissement de Quimperlé l'élut
député, et ce mandat lui fut renouvelé aux élections de 1834. En 1837, élu en même temps
par les deux arrondissemens de Quimperlé et de
Rochefort, M. Tupinier opta pour ce dernier col-
lége, en raison de sa position au ministère de la
marine. Dans la Chambre, où il est justement
considéré pour son caractère, l'honorable député jouit d'ailleurs de l'estime que méritent et
ses honorables services, et ses profondes connaissances des matières qui ont trait à la marine.

La même année 1837, M. Tupinier reçut la
mission de visiter tous les ports militaires, de-

(1) Maître des requêtes le 26 août 1824, conseiller-
d'état le 30 décembre 1827.

puis Dunkerque jusqu'à Toulon, et tous les éta-
blissemens que la marine militaire possède dans
l'intérieur du royaume. Les résultats de cette
inspection sont consignés dans un ouvrage qui a
pour titre : *Rapport sur le matériel de la marine.*

Cet important ouvrage présente, dans le plus
grand ordre et avec une lucidité qui le met à la
portée de tous les esprits, l'inventaire de notre
matériel naval, depuis les vaisseaux en chantier
ou à flot, jusqu'aux moindres objets fabriqués
ou matières premières, qui servent ou doivent
servir à l'équipement de nos flottes. Il présente
encore aujourd'hui l'état de situation le plus
complet, le plus authentique de notre marine, et
le plus propre à instruire quiconque veut se faire
une idée nette des ressources que nous offriraient
nos ports dans le cas d'une guerre navale.

Nous ne pouvons entrer ici dans aucun détail
à ce sujet, et l'espace nous manque pour citer
des chiffres, même les plus importans. Cependant nous devons dire quelques mots des conclusions du rapport de M. Tupinier.

Rappelons d'abord que l'ordonnance royale du
1er février 1837, prescrit ainsi la composition et
la force de notre armée navale et de sa réserve :
1° quarante vaisseaux et cinquante frégates, dont

la moitié à flot et l'autre moitié sur les chantiers aux 22/24es d'avancement ; 2° une réserve égalements en chantiers, laquelle ne peut dépasser treize vaisseaux et seize frégates.

Voilà pour les chiffres qui sont sur le papier, quant aux chiffres réels, les voici : vingt-trois vaisseaux à flot et autant sur les chantiers, et un total de cinquante-cinq frégates, dont les deux tiers sont à flot; conséquemment, réserve incomplète.

Se basant sur les chiffres de l'ordonnance, voici ce que M. Tupinier conclut de l'inventaire auquel il s'est livré dans nos ports : 1° les constructions navales entreprises dans ces ports ne sont pas trop considérables, et le nombre de vaisseaux et de frégates que nous possédons, soit à flot, soit sur les chantiers, n'est pas hors de proportion avec le nombre de marins dont on pourrait disposer. Loin de là, il émet le vœu que les chiffres prescrits par l'ordonnance du 1er février 1837 soient atteints le plus tôt possible, non seulement pour la flotte active, mais encore pour les bâtimens de réserve (1) ;

(1) A cela, il faut ajouter que, pour tous les hommes qui ont quelque idée de la question, il est démontré que le

2° La masse de l'approvisionnement de nos ports loin d'être surabondante, présente un dé-

chiffre de trente vaisseaux à flot est un minimum qu'il faut atteindre le plus promptement possible, sous peine d'être pris au dépourvu, à la première éventualité menaçante. L'opinion qui considérerait les bâtimens avancés sur les chantiers aux 22/24es de leur construction, comme des bâtimens immédiatement disponibles, et, pour ainsi dire, à flot, cette opinion est une erreur. En fait d'abord, et dans l'état actuel des choses, une partie seulement des vaisseaux en chantier a été poussée à ce degré d'avancement. Mais tous ces vaisseaux fussent-ils portés aux 22/24es de leur construction, il n'en serait pas moins vrai que, pour mettre ces bâtimens à l'eau, il faudrait plusieurs mois, tant par le défaut d'ouvriers spéciaux que par d'autres causes trop longues à énumérer.

Cela étant, il ne reste plus que vingt à vingt-trois vaisseaux à flot (dans ce moment, le tiers seulement est armé). Or, cette flotte est insuffisante même pour un premier effort. Qui pourrait dire, si en 1840, le sentiment de cette insuffisance déplorable n'a pas empêché nos ministres de tirer vengeance de la trahison de notre perfide alliée, et de profiter de la seule occasion que nous ayons eue depuis des siècles et que nous devions peut-être jamais rencontrer, de châtier l'orgueil de l'Angleterre ? Il faut qu'on sache, en effet, que les victoires coûtent presque aussi cher sur mer que les défaites, et qu'un avantage que l'on ne peut soutenir par une flotte nouvelle est un avantage perdu.

2

ficit qui, pour être comblé , nécessite une dépense de quarante-un millions ; nos ports, dans
des circonstances urgentes, n'offriraient que des

Cette vérité acquiert un nouveau degré d'évidence quand
il s'agit de l'Angleterre, à qui ses immenses ressources navales permettent de réparer si promptement ses pertes. Il
est donc avéré qu'une flotte de vingt-trois vaisseaux seulement à flot, nous constitue, à son égard, dans un état d'é-
norme infériorité, et que trente vaisseaux ne sont pas, tant
s'en faut, un chiffre trop élevé.

Beaucoup de personnes pourront douter que nous ayons
assez d'hommes pour armer une telle flotte. Qu'ils se dé-
trompent. Une opinion très accréditée par les déclarations
officielles de feu l'amiral de Rigny, lors de son ministère,
porte à trente-cinq mille seulement le nombre des marins
dont nous pourrions disposer en cas de guerre, et bien que
le chiffre total de l'inscription soit de près de cent mille.Or,
M. Tupinier démontre sans réplique, dans ses *Considérations sur le budget*, dont nous parlerons bientôt, que le
chiffre qu'on suppose être de trente-cinq mille seulement,
est bien de plus de soixante mille. Et encore n'admet-il
dans ce nombre les hommes du recrutement, que dans une
proportion inférieure à celle que l'on pourrait atteindre
sans inconvénient pour la bonne composition de nos équipages.

Les considérations qui font l'objet de cette note sont
exposées avec un grand détail dans l'ouvrage que nous ve-
nons de citer, p. 165 et suiv.   H. D.

ressources insuffisantes, et l'on y manque, par exemple, de forges pour travailler le fer, etc. (page 419.)

3° Les sommes affectées annuellement dans le budget, au renouvellement et à l'entretien d'un matériel aussi défectueux, sont de beaucoup insuffisantes.

Telles sont les principales conclusions de cet important travail. On voit combien de vices elles signalent, combien de réformes elles appellent.

Après que le triomphe des oppositions coalisées, dans les élections de 1839, eut forcé le ministère, dirigé par M. Molé, à résigner le pouvoir, les difficultés extraordinaires que rencontra la formation d'un nouveau cabinet et la longueur inusitée de l'interrègne ministériel qui en fut la conséquence, obligèrent le roi à nommer, le 18 avril, un ministère provisoire dont M. Tupinier fit partie. Cette administration ne dura, comme on sait, que quelques semaines, puisque l'émeute du 12 mai détermina la création d'urgence d'un ministère définitif. M. Tupinier garda donc trop peu de temps le pouvoir pour opérer des mesures de quelque importance. Cependant, il s'empressa d'en profiter pour améliorer la position des ouvriers de la marine, en faveur desquels il réclamait en vain depuis long-temps. Une ordonnance royale du 3 mai éleva leur salaire, régla leur position et leur avancement.

Le **8 avril**, la société de géographie lui déféra sa présidence, honneur mérité par l'administrateur dont la protection éclairée, en favorisant les voyages de circumnavigation, avait puissamment contribué aux progrès de la science à laquelle cette société consacre ses travaux.

Après avoir déposé le ministère, M. Tupinier reprit son ancienne position de directeur des ports.

Le 26 décembre 1839, une ordonnance royale, rendue sur la proposition de M. le maréchal Soult, président du conseil, le nomma président d'une commission chargée de préparer les bases d'une loi destinée à établir, entre la France et l'Amérique, de grandes lignes de correspondance au moyen de bâtimens à vapeur. Les travaux de cette commission durèrent plus de six mois, et ils furent couronnés par le vote de la loi du **16** juillet 1840, qui ordonnait la construction de quatorze bâtimens à vapeur de la première grandeur.

Tout le monde sait que cette loi a reçu, à l'heure qu'il est, une partie de son exécution, et que les paquebots dont elle a ordonné la construction sont fort avancés. — Un de nos grands bâtimens de guerre à vapeur, *le Gomer*, de quatre cent cinquante chevaux, parti depuis plusieurs mois pour l'Amérique, y visite les ports qui serviront de station à nos paquebots transatlantiques et y porte, pour la première fois, l'éclatant témoignage des progrès de nos ingénieurs dans la construction des grands bâtimens à vapeur. Tout porte donc à croire que cette création, dont l'honneur doit revenir en grande partie à M. Tupinier, aura de grands et utiles résultats pour la France.

Le 18 mai 1840, M. Tupinier a été promu au grade de grand officier de la Légion-d'Honneur. Cette faveur est la seule qu'il ait obtenue depuis qu'il est membre de la Chambre des députés.

Le dernier ouvrage publié par M. Tupinier, sous le titre de *Considérations sur la marine et son budget*, et que nous avons déjà cité, met le sceau à cette suite d'utiles travaux qui ont signalé sa carrière. L'importance de ce livre nous oblige à en dire quelques mots.

En 1822, le ministre de la marine Portal, qui a laissé la réputation d'un administrateur habile et zélé, voulant préserver son département de la ruine imminente qui l'attendait, par suite de l'insuffisance des allocations du budget, démontra la nécessité d'un chiffre annuel de soixante-cinq millions au lieu du chiffre de quarante-cinq, qui avait été alloué jusqu'alors; ce ne fut que graduellement et au bout de trois ans, qu'il fut fait complètement droit aux patriotiques exigences de M. Portal. Mais, depuis cette époque, l'évaluation du budget de la marine, faite par un ministre habile, a été considérée comme le chiffre normal et définitif de ce budget par la plupart des personnes. On a regardé la dépense de soixante-cinq millions comme la base, en quelque sorte éternelle, de ce budget, et l'administration de la marine ayant été forcée de la dépasser plusieurs fois, on l'a accusée de prodigalité.

C'est pour faire cesser ces accusations et l'erreur dont elles étaient la conséquence, que M. Tupinier démontre dans son ouvrage que le budget normal de la marine, qui en 1822 put être fixé à soixante-cinq millions, doit aujourd'hui être porté à cent millions au moins. Il établit de la manière la plus claire, par des calculs trop étendus pour être rapportés et même résumés ici, que l'accroissement inévitable de certaines dépenses, que la création de certaines autres justifient pleinement cette différence. Et sans qu'il soit besoin de plus grands détails, tout le monde comprendra que notre flotte active occupant aujourd'hui deux fois plus de marins qu'en 1822, et que la construction des bateaux à vapeur et l'entretien d'une flotte de ces derniers bâtimens entraînant une dépense qui n'existait pas en 1822, la différence des deux budgets se trouve suffisamment expliquée.

Les évaluations et les vues de M. Tupinier se sont trouvées répondre si bien aux véritables besoins du département de la marine et à l'idée que tous les hommes compétens se sont faite du développement que doit recevoir notre établissement naval, que tout le monde y a vu la solution de cette grande question, et que les *Considérations sur la marine et son budget,* sont généralement regardées comme le code de la matière (1).

(1) Voici l'opinion de M. l'amiral Roussin sur l'ouvrage de M. Tupinier.

« Les *Considérations sur la marine et sur son budget* sont
» un travail d'une haute portée et d'une incontestable uti-
» lité. La publication de cet ouvrage a mis en évidence ces
» vérités, qui ne sauraient devenir trop populaires en
» France :

Comme dernière justification du budget de cent millions proposé par M. Tupinier, nous dirons que ce chiffre ne pourvoit qu'aux dépenses indispensables, et qu'à beaucoup de personnes il pourra paraître insuffisant.

En effet, cette évaluation n'est calculée que

» 1° Que le budget de 1822, établi sur des bases très
» exactes à l'époque où il parut (et précisément parce
» qu'il était exact alors), ne satisferait plus aux nécessités
» du présent, et qu'ainsi c'est à tort qu'on prétendrait le
» prendre pour règle du budget de la marine aujourd'hui ;

» 2° Que ce serait au chiffre de cent millions qu'il fau-
» drait atteindre aujourd'hui, comme limite la plus basse
» du budget naval systématique, à l'état de paix ;

» 3° Enfin, que si l'on veut maintenir notre marine au
» rang qui lui a été assigné en 1822, il faut, après lui avoir
» accordé, dans un état de choses ordinaire, un crédit an-
» nuel de cent millions, porter ce crédit jusqu'à cent dix-
» sept millions, dès que les circonstances exigeront du pays
» les efforts réclamés par ses intérêts et sa dignité.

» Ces divers points me semblent établis d'une manière
» victorieuse dans le livre de M. Tupinier. Ce travail s'of-
» fre à mon esprit avec une méthode, une clarté, une hau-
» teur de vues et une connaissance pratique de la marine,
» qui ont entraîné ma conviction ; je crois que le public la
» partagera complètement.

» M. Tupinier a rendu un véritable service à la marine
» et à son pays. »

sur le pied d'une flotte active de dix vaisseaux. Or, dans l'opinion de beaucoup d'hommes compétens, la France, inférieure à l'Angleterre sous le rapport de l'instruction et du nombre des équipages, a besoin, pour compenser cette infériorité, d'avoir en tout temps à la mer une flotte de vingt vaisseaux et d'un nombre proportionné de frégates, afin de conserver toujours prête une force navale, qu'en cas de guerre elle ne pourrait pas improviser comme sa rivale.

De plus, ce budget de cent millions ne comprend aucune allocation destinée à élever le nombre de nos vaisseaux à flot de vingt à trente, mesure que M. Tupinier déclare indispensable si la France ne veut pas descendre au rang de puissance navale de troisième ordre.

D'autres remarques du même genre prouveraient également qu'en fixant le budget normal à cent millions, M. Tupinier est encore plus au-dessous qu'au-dessus des véritables besoins du département de la marine. Nous ne pouvons que louer l'esprit d'économie qui a dicté cette réserve. M. Tupinier a prouvé par là qu'il comprend et qu'il partage ce sentiment de la nécessité des économies, aujourd'hui général, et d'ailleurs bien justifié par l'état de nos finances. Mais ce tribut payé, M. Tupinier aurait laissé sa tâche incomplète s'il n'avait pas indiqué les augmentations nécessaires pour accroître, pour doubler nos armemens en vaisseaux de haut bord. Il suffirait pour cela de quelques millions, ainsi qu'on peut le voir dans ses *Conclusions*, page 442.

Forcés d'abréger, nous nous bornerons maintenant à résumer, dans ce qu'elles ont de plus essentiel, ces conclusions.

« Il est impossible aujourd'hui de considérer
» le budget rédigé pour 1822 comme une règle
» à suivre, et la somme de soixante-cinq millions
» est de beaucoup inférieure à celle que la France
» doit consacrer désormais à sa marine militaire,
» si elle ne veut pas cesser de compter au nom-
» bre des puissances maritimes.

» Le budget de 1822 fut un chef-d'œuvre de
» politique administrative, à une époque où il
» fallait arracher franc par franc, à des législa-
» teurs prévenus, l'allocation la plus mesquine,
» pour un département dont la plupart des hom-
» mes-d'état d'alors refusaient de comprendre
» l'utilité. Vingt ans d'expérience ont singuliè-
» rement modifié les opinions à cet égard. Main-
» tenant, il n'est personne qui ne reconnaisse
» qu'à raison même de sa situation géographi-

» que, la France ne peut se passer d'une marine
» fortement constituée, et qu'il est pour elle du
» plus haut intérêt de ne pas se laisser dépossé-
» der du rang qu'elle occupe.

» La nécessité de ne pas rester en arrière des
» autres puissances pour les constructions de bâ-
» timens à vapeur, destinés sans doute à jouer un
» grand rôle dans les guerres futures, celle d'en-
» tretenir sans cesse une force navale capable de
» tenir toujours exercé un noyau imposant d'é-
» quipages de guerre, démontrent que l'alloca-
» tion de cent millions doit être considérée com-
» me le *minimum* du budget normal de la ma-
» rine. »

Cet important travail, disons mieux, ce service
a dignement fermé la carrière spéciale de M. Tupinier. Une ordonnance récente l'a nommé conseiller-d'état en service ordinaire, et il a résigné
en même temps ses fonctions de directeur des
ports. Digne successeur de M. Jurien, il a quitté
comme lui la direction des ports pour entrer au
conseil-d'Etat, cette retraite des administrateurs
que d'importans services recommandent. Dans
cette administration supérieure, M. Tupinier,
par les fonctions si importantes qu'il a remplies,
et par les preuves de capacité qu'il a données, ne

sera pas celui qui apportera le tribut d'expérience et de connaissances le moins utile. Il continuera d'y servir son pays avec le même dévouement et le même fruit.

M. le baron Tupinier a consacré à la marine quarante-cinq années de sa vie. Aujourd'hui encore, après avoir renoncé aux fonctions de directeur des ports dans les bureaux de l'administration centrale, il reste attaché au département de la marine en qualité de *membre du conseil d'amirauté*.

H. DUNOYER.

Pour paraître le 15 Mai 1843.

NOTICE BIOGRAPHIQUE SUR M. GUIZOT,

Précédée d'une Introduction sur la Politique suivie depuis 1830,
sur le Ministère actuel, et sur l'avenir du Gouvernement constitutionnel,

PAR M. E. PASCALLET,

FONDATEUR ET RÉDACTEUR EN CHEF DE LA REVUE GÉNÉRALE
BIOGRAPHIQUE, POLITIQUE ET LITTÉRAIRE,
(3e ÉDITION.)

Un volume in-8°, de 300 pages, papier grand raisin, caractère cicéro.

ON SOUSCRIT DÈS A PRÉSENT,

CHEZ L'AUTEUR, N° 9, RUE LOUIS-LE-GRAND. — PRIX : 6 F. 50 C.

Pour paraître le 15 Avril 1843.

NOTICE BIOGRAPHIQUE SUR LOUIS-PHILIPPE Ier, ROI DES FRANÇAIS,

PAR M. E. PASCALLET.

Un volume de 400 pages, in-8°, papier grand raisin.

ON SOUSCRIT DÈS A PRÉSENT,

CHEZ L'AUTEUR, RUE LOUIS-LE-GRAND, 9. — PRIX : 7 F. 50 C.

www.ingramcontent.com/pod-product-compliance
Lightning Source LLC
Chambersburg PA
CBHW051343050726
47595CB00006B/2378